HINDI VARNAMALA

Learn To Write 36 Hindi Alphabets

Book by Sachin Sachdeva (Author/Illustrator)

क	ख	ग	घ	ङ
च	छ	ज	झ	ञ
ट	ठ	ड	ढ	ण
त	थ	द	ध	न
प	फ	ब	भ	म
य	र	ल	व	श
ष	स	ह	क्ष	त्र
ज्ञ				

हिंदी वर्णमाला

३६ अक्षर

क

क =

क से कमल

| क | क | क | क |

क क क क

क क क क

क क क क

• अब खुद से अभ्यास करें।

ख

ख =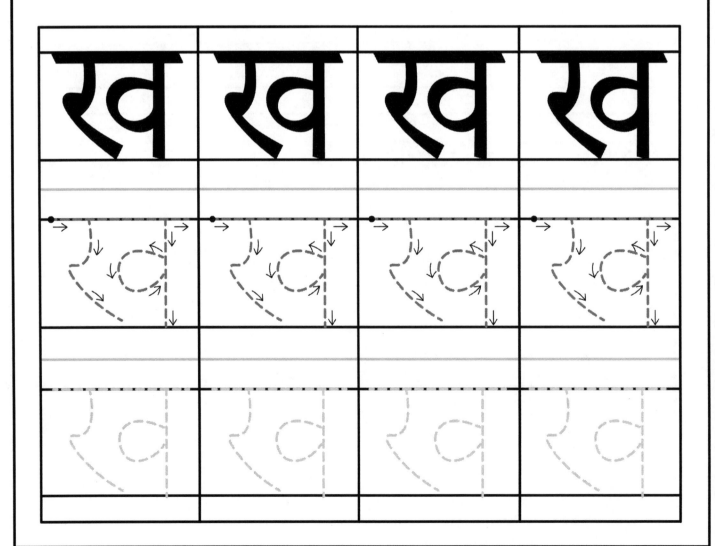

ख से खरगोश

ख	ख	ख	ख

ख ख ख ख

ख ख ख ख

ख ख ख ख

• अब खुद से अभ्यास करें।

ग

ग =

ग से गमला

ग	ग	ग	ग

● अब खुद से अभ्यास करें।

घ

घ =

घ से घड़ी

घ	घ	घ	घ

ध	ध	ध	ध
ध	ध	ध	ध
ध	ध	ध	ध

● अब खुद से अभ्यास करें।

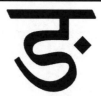

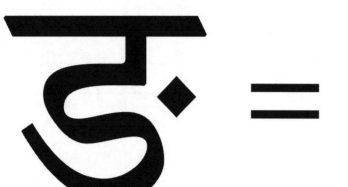

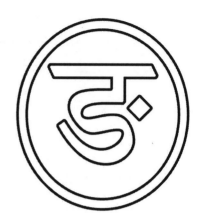

ङ

ङ = ङ

ङ से खाली

ङ	ङ	ङ	ङ

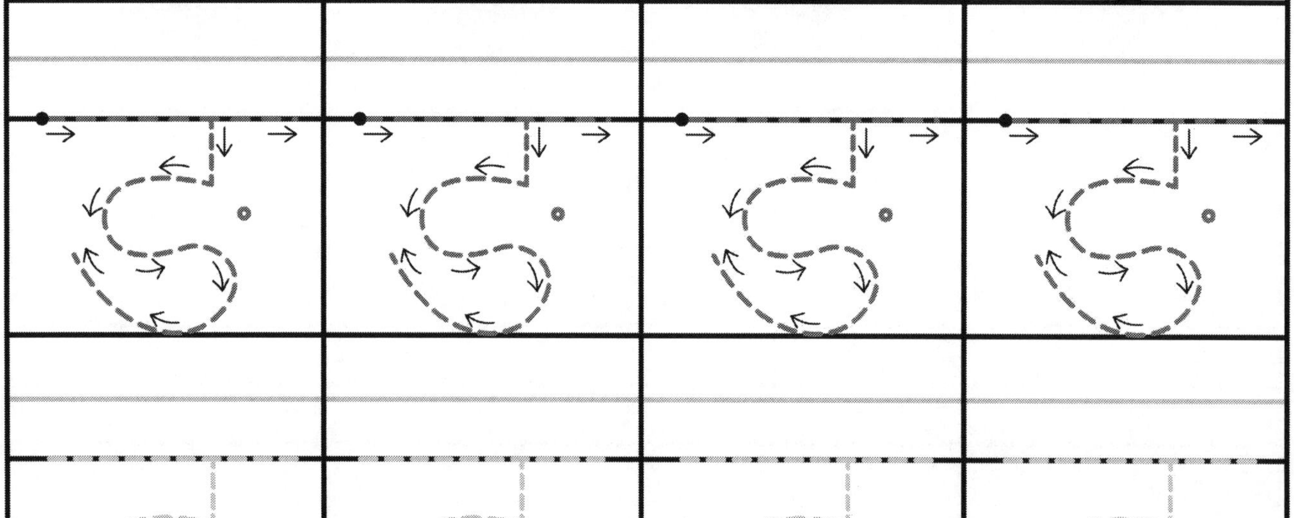

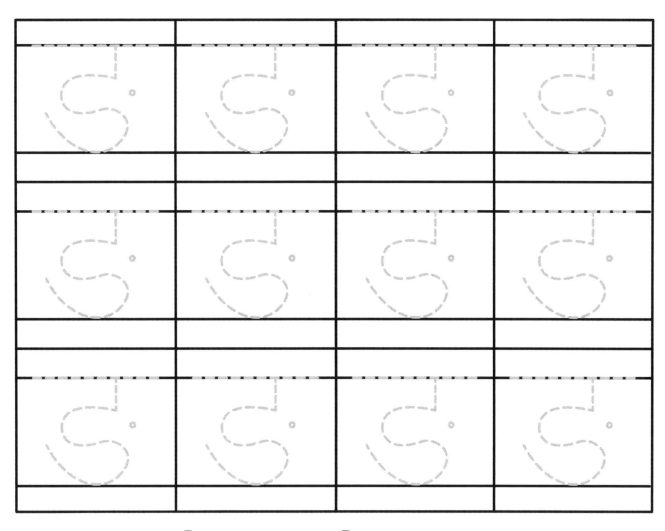

● अब खुद से अभ्यास करें।

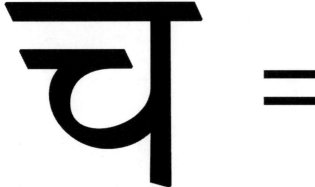

च

च =

च से चम्मच

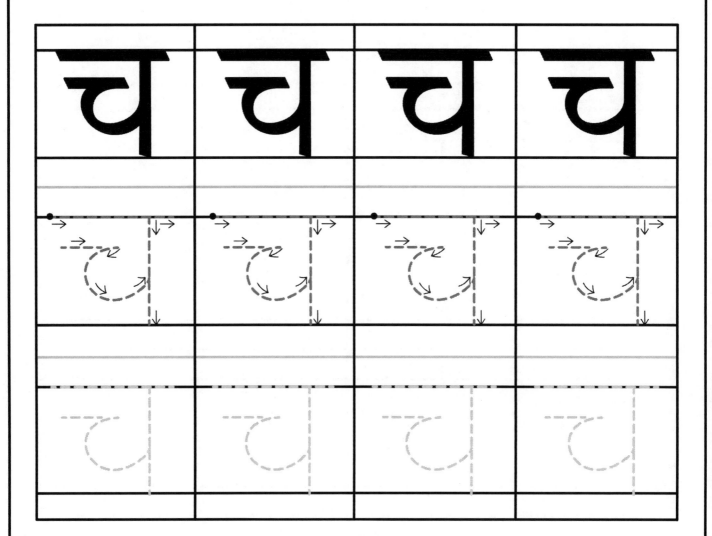

च च च च

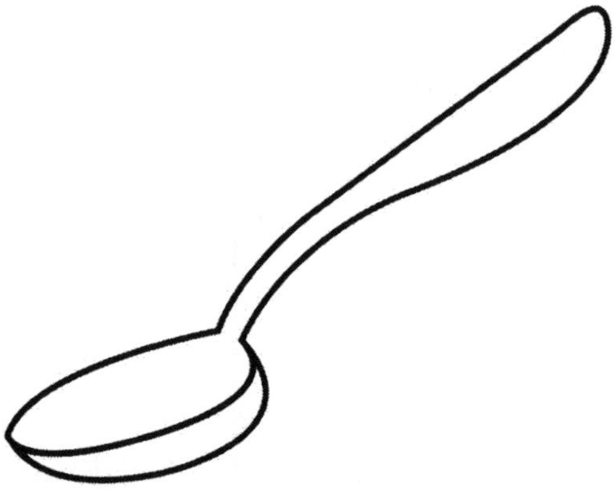

व	व	व	व
व	व	व	व
व	व	व	व

● अब खुद से अभ्यास करें।

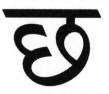

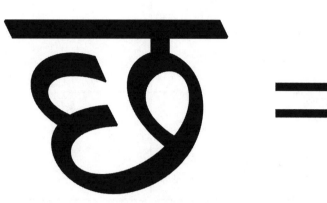

छ

छ =

छ से छतरी

छ	छ	छ	छ

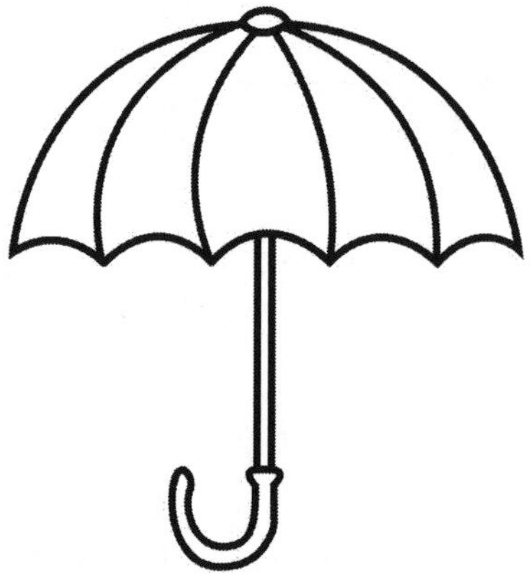

● अब खुद से अभ्यास करें।

ज

ज =

ज से जग

| ज | ज | ज | ज |

ज	ज	ज	ज
ज	ज	ज	ज
ज	ज	ज	ज

● अब खुद से अभ्यास करें।

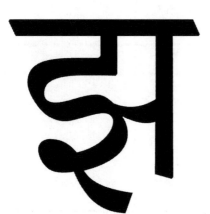

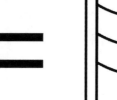

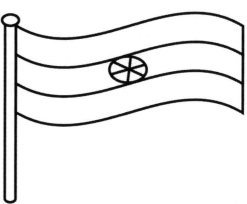

झ

झ =

झ से झंडा

झ	झ	झ	झ

ड	ड	ड	ड
ड	ड	ड	ड
ड	ड	ड	ड

● अब खुद से अभ्यास करें।

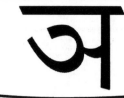

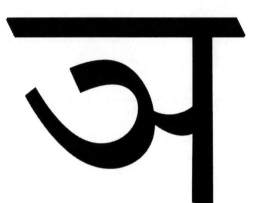

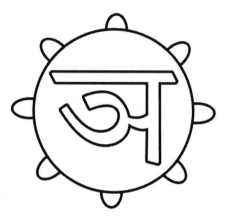

अ

अ =

अ से खाली

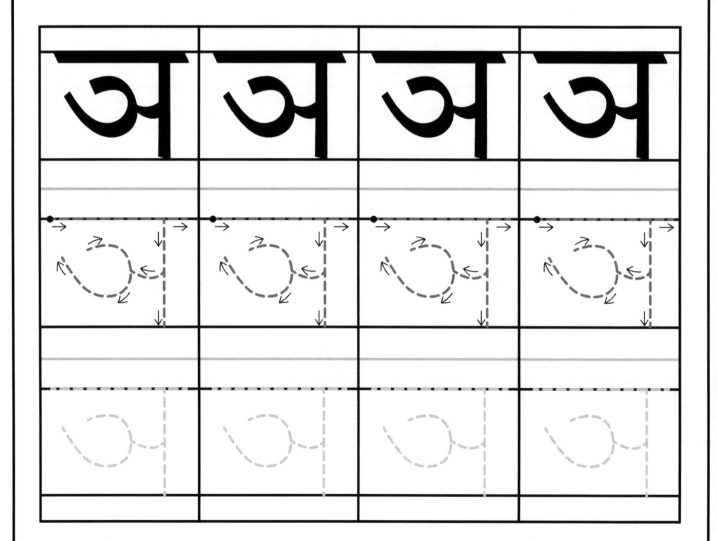

अ	अ	अ	अ

- अब खुद से अभ्यास करें।

ट

ट =

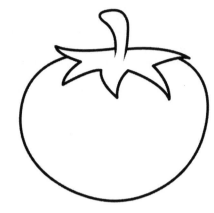

ट से टमाटर

ट	ट	ट	ट

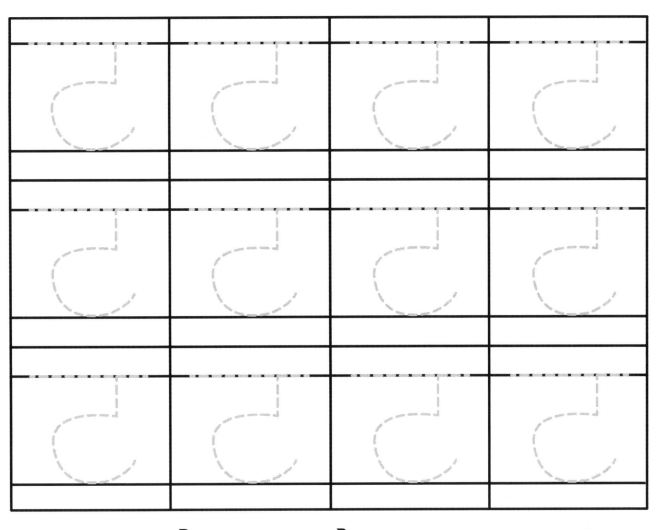

● अब खुद से अभ्यास करें।

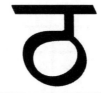

ठ

ठ =

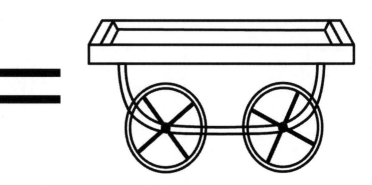

ठ से ठेला

ठ	ठ	ठ	ठ

● अब खुद से अभ्यास करें।

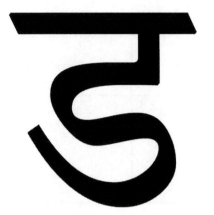

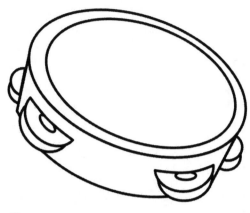

ड

ड =

ड से डफली

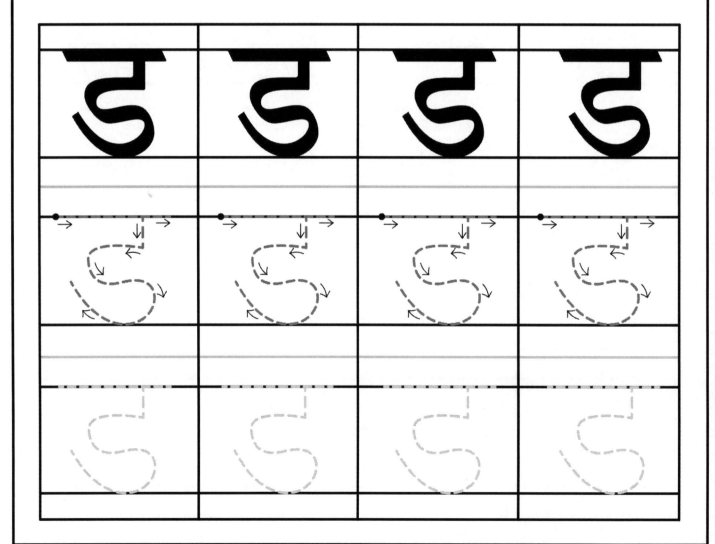

ड	ड	ड	ड

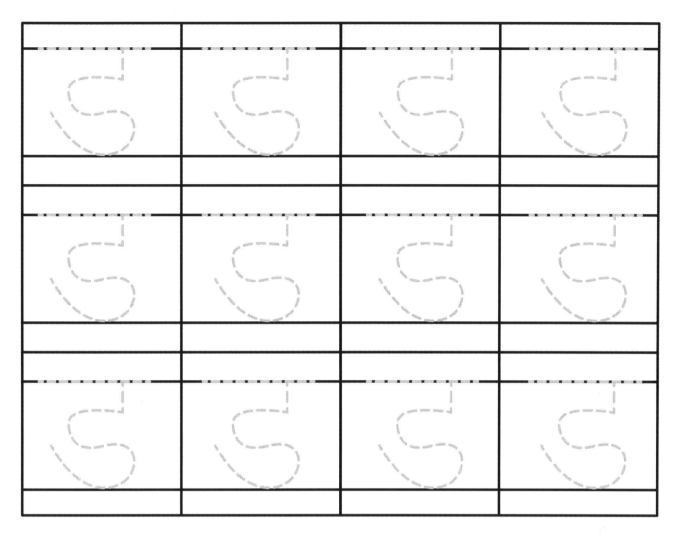

● अब खुद से अभ्यास करें।

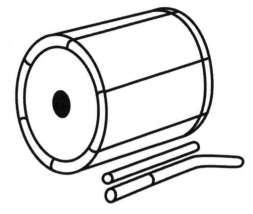

ढ

ढ =

ढ से ढोलक

ढ	ढ	ढ	ढ

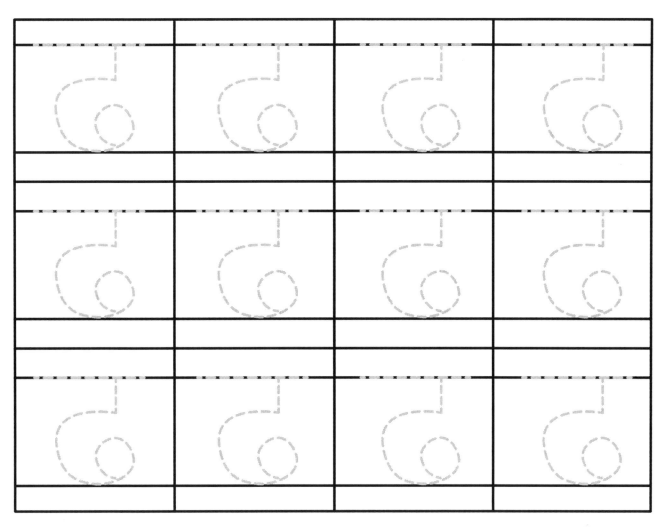

● अब खुद से अभ्यास करें।

ण

ण =

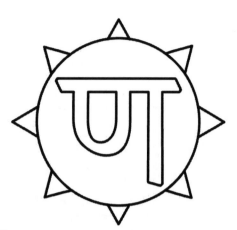

ण से खाली

ण ण ण ण

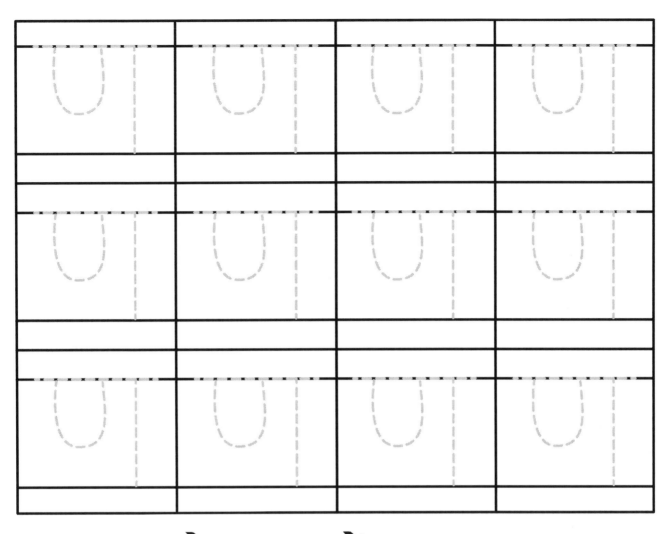

● अब खुद से अभ्यास करें।

त

त =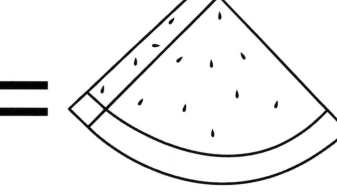

त से तरबूज़

त	त	त	त

त	त	त	त
त	त	त	त
त	त	त	त

● अब खुद से अभ्यास करें।

थ

थ =

थ से थरमस

थ	थ	थ	थ

थ	थ	थ	थ
थ	थ	थ	थ
थ	थ	थ	थ

• अब खुद से अभ्यास करें।

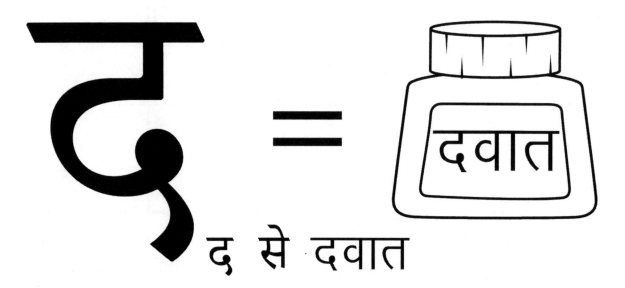

द

द =

द से दवात

द	द	द	द

द	द	द	द
द	द	द	द
द	द	द	द

- अब खुद से अभ्यास करें।

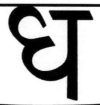

ध

ध =

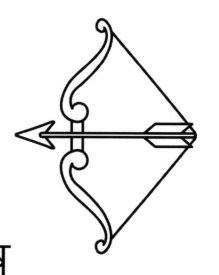

ध से धनुष

ध	ध	ध	ध

थ	थ	थ	थ
थ	थ	थ	थ
थ	थ	थ	थ

- अब खुद से अभ्यास करें।

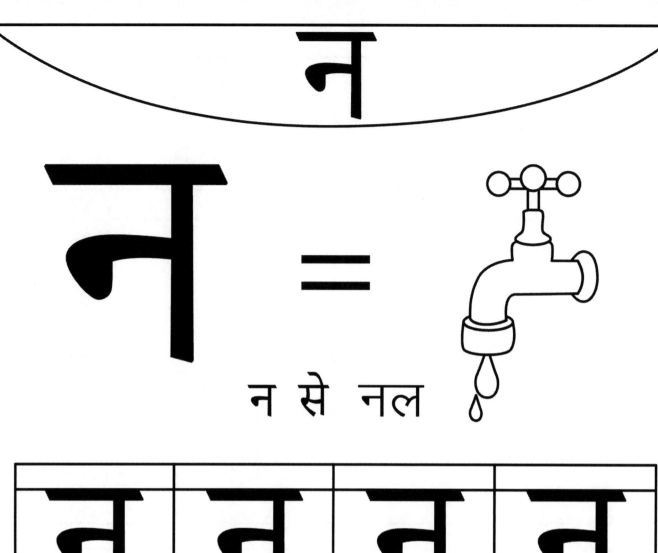

न

न =

न से नल

न	न	न	न

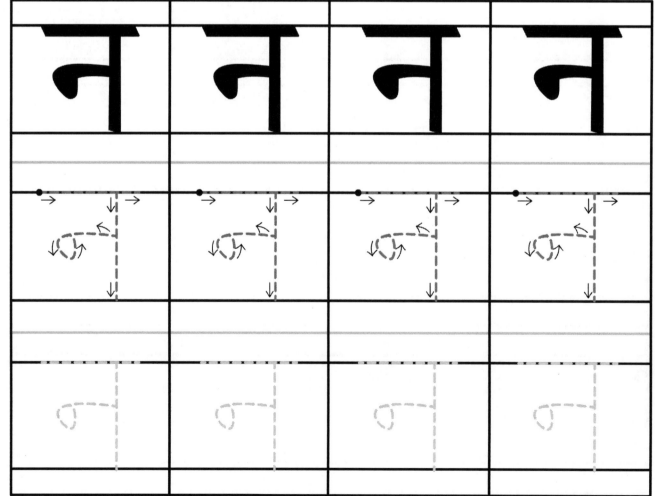

ण	ण	ण	ण
ण	ण	ण	ण
ण	ण	ण	ण

● अब खुद से अभ्यास करें।

प

प =

प से पतंग

प	प	प	प

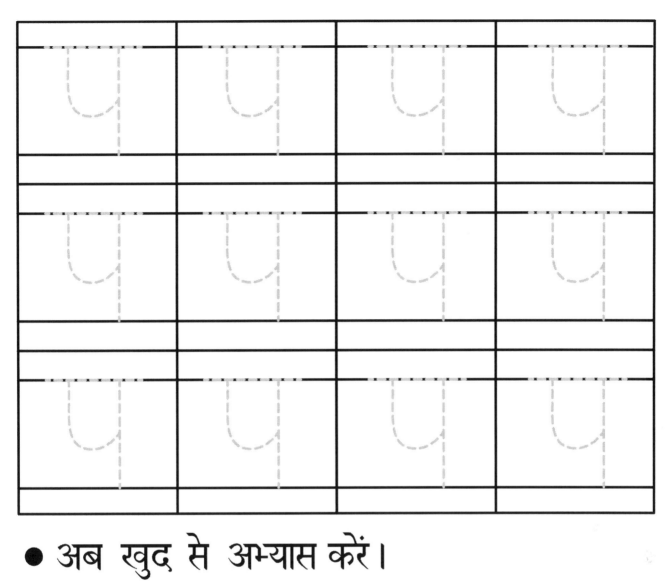

प	प	प	प
प	प	प	प
प	प	प	प

- अब खुद से अभ्यास करें।

फ

फ =

फ से फल

फ	फ	फ	फ

फ	फ	फ	फ
फ	फ	फ	फ
फ	फ	फ	फ

● अब खुद से अभ्यास करें।

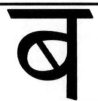

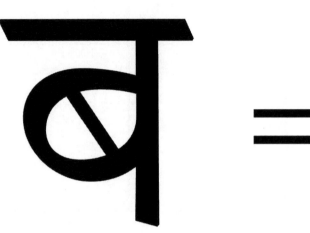

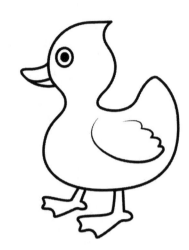

ब

ब =

ब से बत्तख

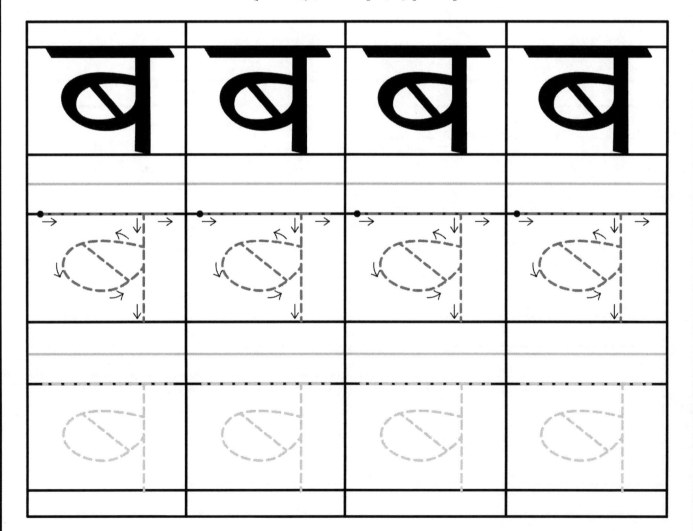

ब	ब	ब	ब

• अब खुद से अभ्यास करें।

भ

भ =

भ से भालू

भ	भ	भ	भ

भ	भ	भ	भ
भ	भ	भ	भ
भ	भ	भ	भ

- अब खुद से अभ्यास करें।

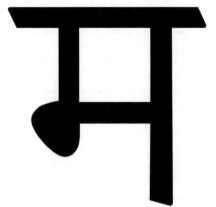

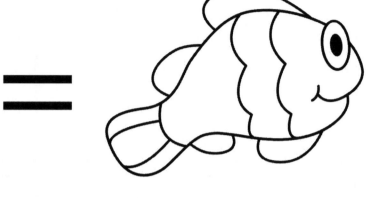

म

म =

म से मछली

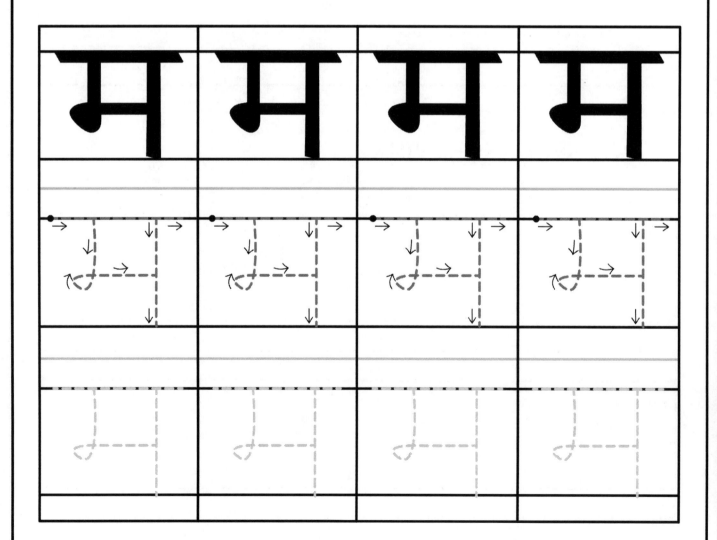

म	म	म	म

● अब खुद से अभ्यास करें।

य

य =

य से यज्ञ

य	य	य	य

य	य	य	य
य	य	य	य
य	य	य	य

● अब खुद से अभ्यास करें।

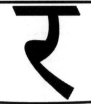

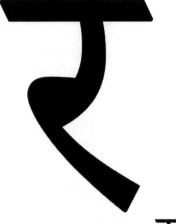

र

र

=

र से रस्सी

र	र	र	र

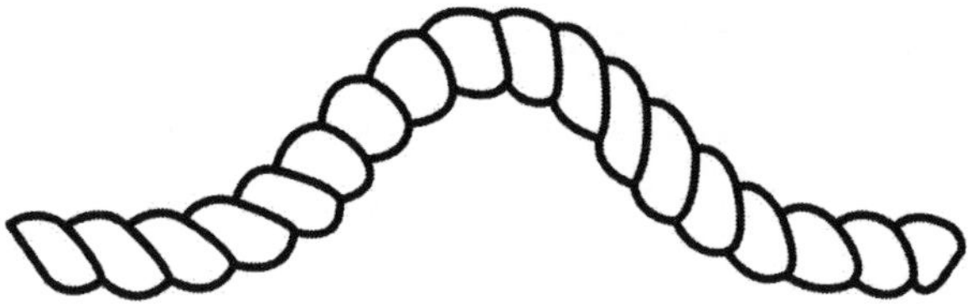

● अब खुद से अभ्यास करें।

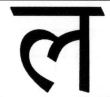

ल

ल =

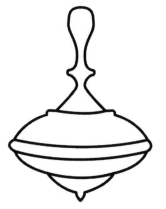

ल से लट्टू

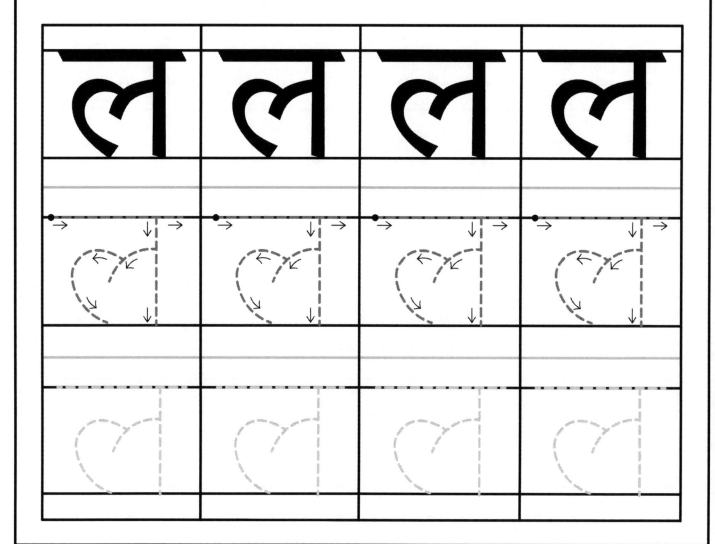

ल	ल	ल	ल

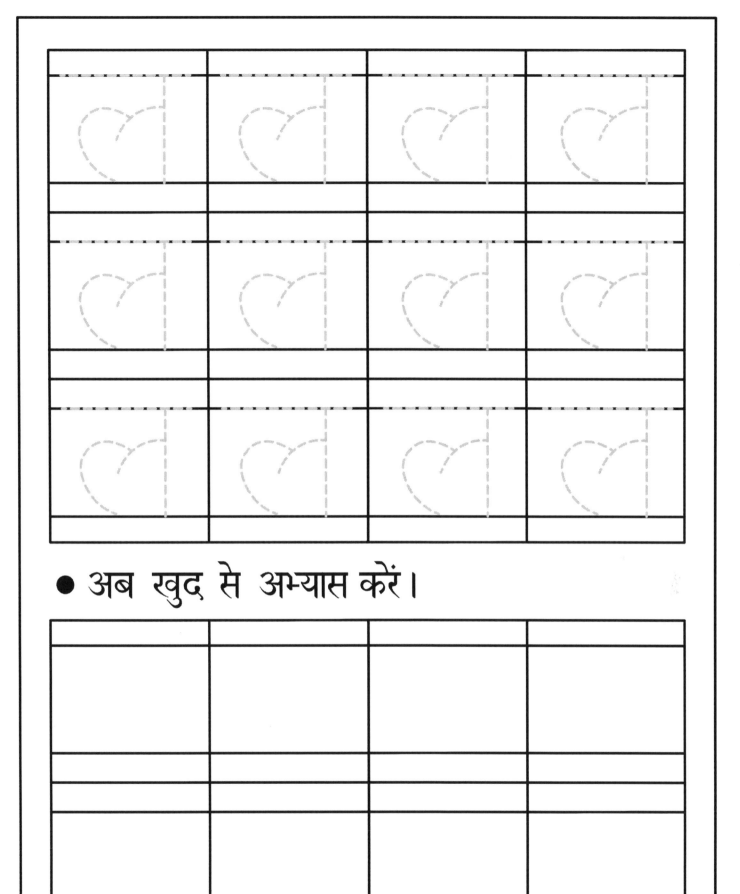

● अब खुद से अभ्यास करें।

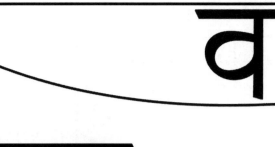

व

व =

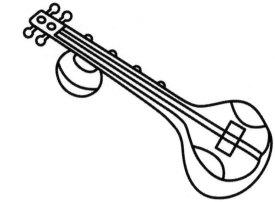

व से वीणा

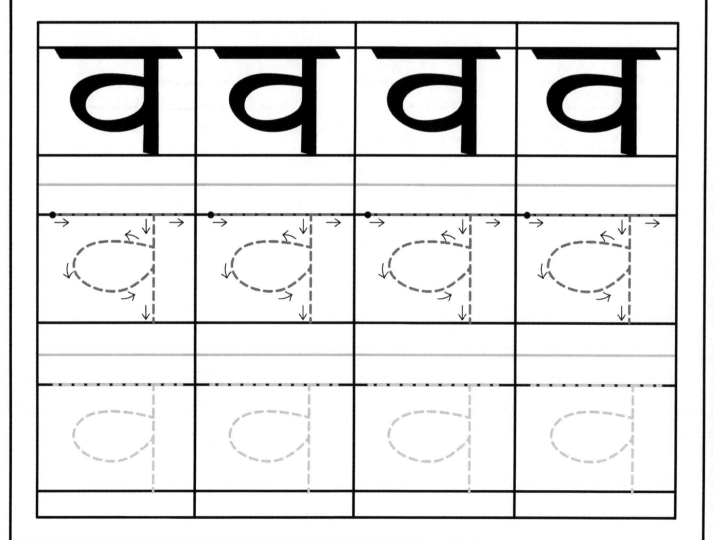

व	व	व	व

व	व	व	व
व	व	व	व
व	व	व	व

● अब खुद से अभ्यास करें।

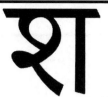

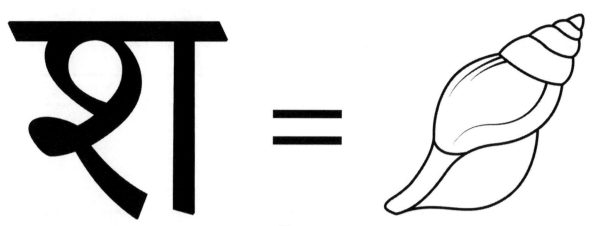

श

श =

श से शंख

श	श	श	श

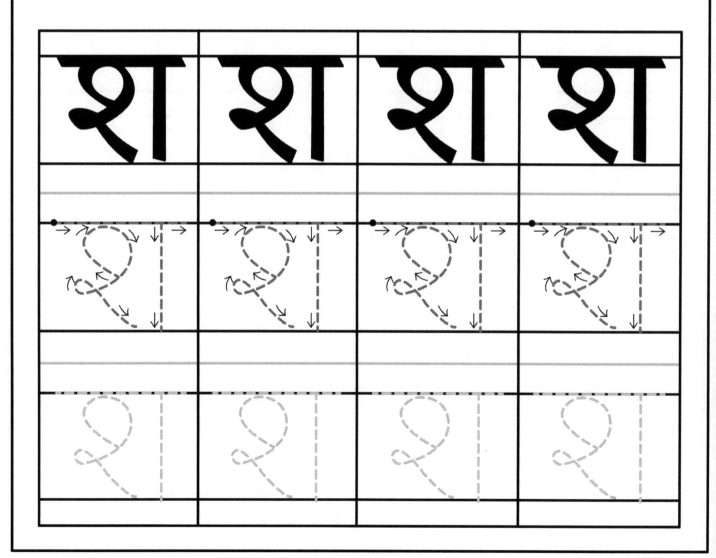

श	श	श	श
श	श	श	श
श	श	श	श

• अब खुद से अभ्यास करें।

ष

ष =

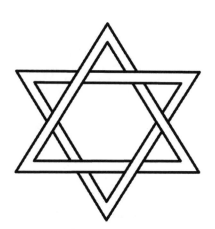

ष से षटकोण

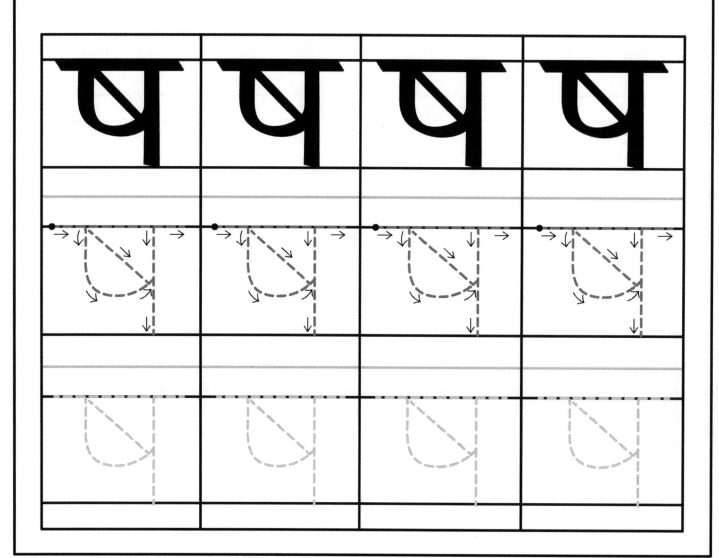

ष ष ष ष

● अब खुद से अभ्यास करें।

स

स =

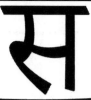

स से सूरज

स	स	स	स

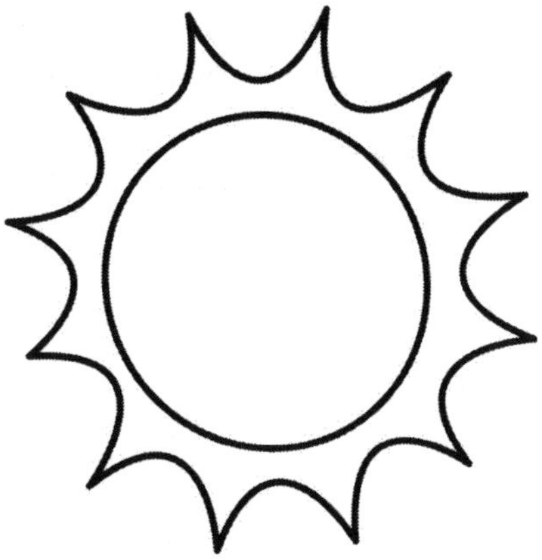

स	स	स	स
स	स	स	स
स	स	स	स

- अब खुद से अभ्यास करें।

ह

ह =

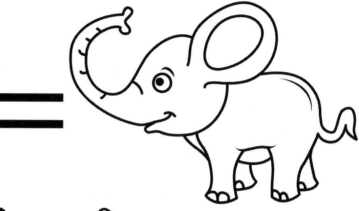

ह से हाथी

ह	ह	ह	ह

● अब खुद से अभ्यास करें।

क्ष

क्ष =

क्ष से क्षत्रिय

क्ष	क्ष	क्ष	क्ष

● अब खुद से अभ्यास करें।

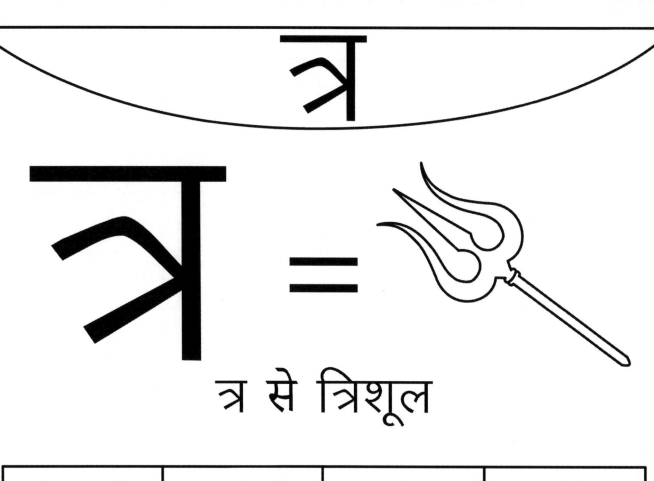

त्र

त्र =

त्र से त्रिशूल

त्र	त्र	त्र	त्र

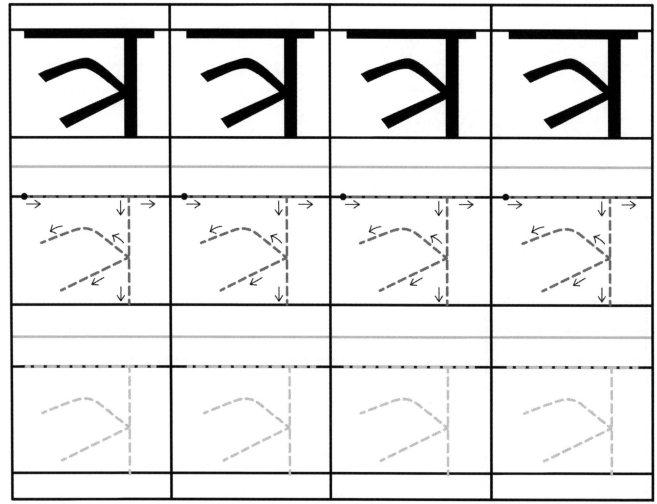

● अब खुद से अभ्यास करें।

झ =

झ से ज्ञानी

झ	झ	झ	झ

● अब खुद से अभ्यास करें।

अब फिर से अभ्यास करें ।

क से झ तक

• अब खुद से अभ्यास करें।

क

- अब खुद से अभ्यास करें।

ख

● अब खुद से अभ्यास करें।

ग

● अब खुद से अभ्यास करें।

घ

घ	घ	घ	घ	घ	घ	घ	घ
घ	घ	घ	घ	घ	घ	घ	घ
घ	घ	घ	घ	घ	घ	घ	घ

• अब खुद से अभ्यास करें।

ङ

● अब खुद से अभ्यास करें।

च

• अब खुद से अभ्यास करें।

छ

• अब खुद से अभ्यास करें।

ज

ज	ज	ज	ज	ज	ज	ज	ज
ज	ज	ज	ज	ज	ज	ज	ज
ज	ज	ज	ज	ज	ज	ज	ज

• अब खुद से अभ्यास करें। झ

• अब खुद से अभ्यास करें।

अ

● अब खुद से अभ्यास करें।

ट

• अब खुद से अभ्यास करें। ठ

• अब खुद से अभ्यास करें।

ड

• अब खुद से अभ्यास करें।

ढ

● अब खुद से अभ्यास करें।

ण

• अब खुद से अभ्यास करें।

त

थ

- अब खुद से अभ्यास करें।

थ थ थ थ थ थ थ थ

थ थ थ थ थ थ थ थ

थ थ थ थ थ थ थ थ

• अब खुद से अभ्यास करें। द

• अब खुद से अभ्यास करें।

ध

• अब खुद से अभ्यास करें।

न

न	न	न	न	न	न	न	न
न	न	न	न	न	न	न	न
न	न	न	न	न	न	न	न

• अब खुद से अभ्यास करें।

प

प	प	प	प	प	प	प	प
प	प	प	प	प	प	प	प
प	प	प	प	प	प	प	प

● अब खुद से अभ्यास करें।

फ

• अब खुद से अभ्यास करें। **ब**

• अब खुद से अभ्यास करें।

भ

• अब खुद से अभ्यास करें।

म

• अब खुद से अभ्यास करें।

य

• अब खुद से अभ्यास करें।

र

• अब खुद से अभ्यास करें।

ल

• अब खुद से अभ्यास करें।

व

• अब खुद से अभ्यास करें।

श

श श श श श श श श
श श श श श श श श
श श श श श श श श

● अब खुद से अभ्यास करें।

ष

● अब खुद से अभ्यास करें।

स

स	स	स	स	स	स	स	स
स	स	स	स	स	स	स	स
स	स	स	स	स	स	स	स

• अब खुद से अभ्यास करें।

ह

ह	ह	ह	ह	ह	ह	ह	ह
ह	ह	ह	ह	ह	ह	ह	ह
ह	ह	ह	ह	ह	ह	ह	ह

● अब खुद से अभ्यास करें।

क्ष

• अब खुद से अभ्यास करें।

त्र

● अब खुद से अभ्यास करें।

Thank you for purchasing the book.

Kindly **leave ratings and feedback** on Amazon so that it will help other people in deciding to purchase my books. I'll be very thankful to you.

If you want to write any personal note, feel free to send email at sachin@sachinsachdev.com

I respond to all the emails I receive.

Thank you
Sachin Sachdeva
Author and Illustrator

Join my Facebook Group for Freebies,
New Book launches and all the other updates.

Search for "Books by Sachin Sachdeva" on Facebook

I am also giving away Free 32 Coloring Pages PDF

 Go to this link: https://tinyurl.com/yx4483nj

Manufactured by Amazon.ca
Bolton, ON